La Conjugaison illustrée

Être (To be)
Avoir (To have)

Omar Zyadi

Être  (To be)

Présent de l'indicatif

Masculin/singulier

Je suis très heureux
Tu es très heureux
Le garçon est heureux
Il est heureux

Féminin /singulier

Je suis très heureuse
Tu es très heureuse
La fille est heureuse
Elle est heureuse

Masculin /pluriel

Nous sommes très heureux
On est très heureux
Vous êtes très heureux

Les garçons sont heureux
Ils sont heureux

Féminin /pluriel

Nous sommes très heureuses
On est très heureuses
Vous êtes heureuses

Les filles sont heureuses
Elles sont heureuses

Masculin / Féminin / pluriel

La fille et le garçon sont heureux
Ils sont heureux

Les filles et les garçons sont heureux
Ils sont heureux

Passé composé

Masculin/singulier

J'ai été heureux
Hier, tu as été heureux
Hier, le garçon a été heureux
Hier, il a été heureux

Féminin /singulier

J'ai été heureuse
Hier, tu as été heureuse
Hier, la fille a été heureuse
Hier, elle a été heureuse

Masculin /pluriel

Vous avez été **heur**eux
Hier, nous avons été **heur**eux
Hier, on a été **heur**eux

Hier, les garçons ont été **heur**eux
Hier, ils ont été **heureux**

Féminin /pluriel

Vous avez été heureuses
Nous avons été heureuses
On a été heureuses

Hier, les filles ont été heureuses
Hier, elles ont été heureuses

Masculin / Féminin / pluriel

Hier, la fille et le garçon ont été heureux
Hier, ils ont été heureux

Hier, les filles et les garçons ont été heureux
Hier, ils ont été heureux

L'imparfait

Masculin/singulier

**J'étais gentil
Tu étais gentil
Le garçon était gentil
Il était gentil**

Féminin/singulier

**J'étais gentille
Tu étais gentille
La fille était gentille
Elle était gentille**

Masculin / pluriel

Nous étions gentils
On était gentils
Vous étiez gentils

Les garçons étaient gentils
Ils étaient gentils

Féminin /pluriel

Nous étions gentilles
On était gentilles

Vous étiez gentilles

Les filles étaient gentilles
Elles étaient gentilles

Masculin / Féminin /pluriel

La fille et le garçon étaient gentils
Ils étaient gentils

Les filles et les garçons étaient gentils
Ils étaient gentils

Plus-que-parfait

Masculin /singulier

J'avais été heureux
Hier, tu avais été heureux
Hier, le garçon avait été heureux
Hier, il avait été heureux

Féminin/singulier

J'avais été heureuse
Hier, tu avais été heureuse
Hier, la fille avait été heureuse
Hier, elle avait été heureuse

Masculin /pluriel

Hier, nous avions été **heur**eux
Hier, on avait été **heur**eux

Vous aviez été **heur**eux

Hier, les garçons avaient été **heur**eux
Hier, ils avaient été **heureux**

Féminin /pluriel

Vous aviez été **heur**euses
Nous avions été **heur**euses
On avait été **heur**euses

Hier, les filles avaient été **heur**euses
Hier, elles avaient été **heur**euses

Masculin/Féminin /pluriel

Hier, la fille et le garçon avaient été heureux
Hier, ils avaient été heureux

Masculin/Féminin/pluriel

Hier, les filles et les garçons avaient été **heur**eux

Hier, ils avaient été **heur**eux

Futur simple

Masculin/singulier

Demain, je serai heureux
Demain, tu seras heureux
Le garçon sera heureux
Il sera heureux

Féminin /singulier

Demain, je serai heureuse
Demain, tu seras heureuse
La fille sera heureuse
Elle sera heureuse

Masculin /pluriel

Nous serons heureux
On sera heureux

Vous serez heureux

Les garçons seront heureux
Ils seront heureux

Féminin /pluriel

Nous serons heur**euses**
On sera heur**euses**
Vous serez heur**euses**

Les filles seront heur**euses**
Elles seront heur**euses**

Masculin / Féminin / pluriel

La fille et le garçon seront heureux

Ils seront heureux

Les filles et les garçons seront heureux

Ils seront heureux

Futur antérieur

Masculin/singulier

J'aurai été heureux
Tu auras été heureux
Le garçon aura été heureux
Il aura été heureux

Féminin /singulier

J'aurai été heureuse
Tu auras été heureuse
La fille aura été heureuse
Elle aura été heureuse

Masculin /pluriel

Nous aurons été **heur**eux
On aura été **heur**eux

Vous aurez été **heureux**

Les garçons auront été **heur**eux
Ils auront été **heur**eux

Féminin/pluriel

Nous aurons été **heur**euses
On aura été **heur**euses
Vous aurez été **heur**euses

Les filles auront été **heur**euses
Elles auront été **heur**euses

Masculin /féminin/pluriel

La fille et le garçon auront été heureux
Ils auront été heureux

Les filles et les garçons auront été heureux
Ils auront été heureux

Futur proche

Masculin /singulier

Je vais être heureux
Tu vas être très heureux

Le garçon va être heureux
Il va être heureux

Féminin /singulier

Je vais être heureuse
Tu vas être très heureuse
La fille va être heureuse
Elle va être heureuse

Masculin/Pluriel

Nous allons être **très heureux**
On va être **très heureux**
Vous allez être **très heureux**

Les garçons vont être **heureux**
Ils vont être **heureux**

Féminin /Pluriel

Vous allez être **heureuses**
Nous allons être **très heureuses**
On va être **très heureuses**

Les filles vont être **heureuses**
Elles vont être **heureuses**

Masculin /féminin /pluriel

La fille et le garçon vont être heureux
Ils vont être heureux

Les filles et les garçons vont être heureux
Ils vont être heureux

Passé récent

Masculin /singulier

Je viens d'être **heur**eux
Tu viens d'être **heur**eux
Le garçon vient d'être **heur**eux
Il vient d'être **heur**eux

Féminin /singulier

Je viens d'être heureuse
Tu viens d'être heureuse
La fille vient d'être heureuse
Elle vient d'être heureuse

Masculin /pluriel

Nous venons d'être **heur**eux

On vient d'être **heur**eux
Vous venez d'être **heur**eux

Les garçons viennent d'être **heur**eux
Ils viennent d'être **heur**eux

Féminin /pluriel

Nous venons d'être **heur**euses

On vient d'être **heur**euses
Vous venez d'être **heur**euses

Les filles viennent d'être **heur**euses
Elles viennent d'être **heur**euses

Masculin /féminin /pluriel

La fille et le garçon viennent d'être heureux

Ils viennent d'être **heur**eux

Les filles et les garçons viennent d'être heureux

Ils viennent d'être **heur**eux

Conditionnel présent

Masculin /singulier

Je serais **heur**eux
Tu serais **heur**eux
Le garçon serait **heur**eux
Il serait **heur**eux

Féminin/singulier

Je serais **heur**euse
Tu serais **heur**euse
La fille serait **heur**euse
Elle serait **heur**euse

Masculin /pluriel

Nous serions heureux
On serait heureux

Vous seriez heureux

Les garçons seraient heureux
Ils seraient heureux

Féminin/pluriel

Nous serions **heur**euses
On serait **heur**euses
Vous seriez **heur**euses

Les filles seraient **heur**euses
Elles seraient **heur**euses

Masculin /féminin/pluriel

La fille et le garçon seraient heureux

Ils seraient heureux

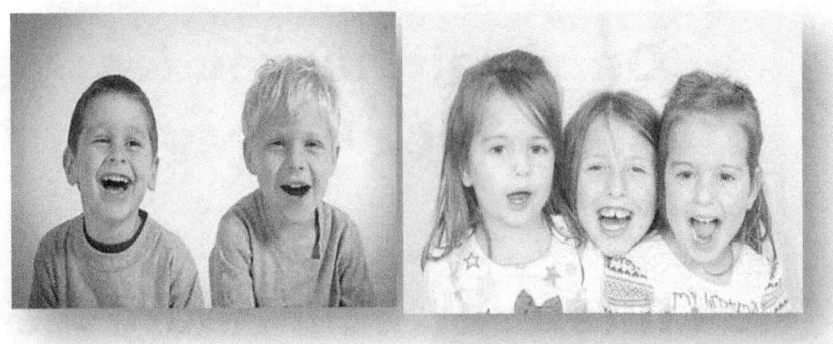

Les filles et les garçons seraient heureux
Ils seraient heureux

Conditionnel passé

Masculin/singulier

J'aurais été heureux
Tu aurais été heureux
Le garçon aurait été heureux
Il aurait été heureux

Féminin /singulier

J'aurais été **heur**euse
Tu aurais été **heur**euse
La fille aurait été **heur**euse
Elle aurait été **heur**euse

Masculin /pluriel

Nous aurions été **heur**eux
On aurait été **heur**eux

Vous auriez été **heureux**

Les garçons auraient été **heur**eux
Ils auraient été **heureux**

Féminin //pluriel

Vous auriez été **heur**euses
Nous aurions été **heur**euses
On aurait été **heur**euses

Les filles auraient été **heur**euses
Elles auraient été **heur**euses

Masculin /féminin/pluriel

La fille et le garçon auraient été heureux
Ils auraient été heureux

Les filles et les garçons auraient été heureux
Ils auraient été heureux

Subjonctif

Masculin /singulier

Il faut que je sois heureux
Il faut que tu sois heureux
Il faut que le garçon soit heureux
Il faut qu'il soit heureux

Féminin/singulier

Il faut que je sois heureuse
Il faut que tu sois heureuse
Il faut que la fille soit heureuse
Il faut qu'elle soit heureuse

Masculin /pluriel

Il faut que nous soyons heureux
Il faut qu'on soit heureux

Il faut que vous soyez heureux

Il faut que les garçons soient heureux
Il faut qu'ils soient heureux

Féminin /pluriel

Il faut que nous soyons heureuses
Il faut qu'on soit heureuses

Il faut que vous soyez heureuses

Il faut que les filles soient heureuses
Il faut qu'elles soient heureuses

Masculin /féminin/pluriel

Il faut que la fille et le garçon soient heureux

Il faut qu'ils soient heureux

Il faut que les filles et les garçons soient heureux

Il faut qu'ils soient heureux

Passé simple

Masculin /singulier

**Je fus très heureux
Tu fus très heureux
Le garçon fut heureux
Il fut heureux**

féminin/singulier

Je fus très heureuse
Tu fus très heureuse
La fille fut heureuse
Elle fut heureuse

Masculin /pluriel

Nous fûmes très heureux
On fut très heureux
Vous fûtes très heureux

Les garçons furent heureux
Ils furent heureux

Féminin /pluriel

Nous fûmes très heureuses
On fut très heureuses
Vous fûtes heureuses

Les filles furent heureuses
Elles furent heureuses

Masculin /féminin/pluriel

La fille et le garçon furent heureux
Ils furent heureux

Les filles et les garçons furent heureux
Ils furent heureux

L'impératif présent

Masculin /singulier

Sois heureux !
Qu'il soit heureux !

féminin/singulier

Sois heureuse !
Qu'elle soit heureuse !

Masculin /pluriel

Soyons heureux !
Qu'on soit heureux !
Soyez heureux !
Qu'ils soient heureux !

féminin/pluriel

Soyons heureuses !
Qu'on soit heureuses !
Soyez heureuses !
Qu'elles soient heureuses !

Masculin /féminin/pluriel

Qu'ils soient heureux !

Qu'ils soient heureux !

L'impératif passé

Masculin/singulier

Aie été heureux !
Qu'il ait été heureux !

Féminin /singulier

Aie été heureuse !
Qu'elle ait été heureuse !

Masculin /pluriel

Ayons été heureux !
Qu'on ait été heureux !
Ayez été heureux !
Qu'ils aient été heureux !

Féminin /pluriel

Ayons été heureuses !
Qu'on ait été heureuses !
Ayez été heureuses !
Qu'elles aient été heureuses !

Masculin /féminin/pluriel

Qu'ils aient été **heur**eux !

Qu'ils aient été **heureux** !

Infinitif

Infinitif présent :
Je suis heureux d'être avec ma famille

Infinitif passé :
Il regrette d'avoir été en colère

Le gérondif présent

Masculin/singulier

En étant **fatigué**, je dors

En étant **fatigué**, tu dors

En étant **fatigué**, il dort

En étant **fatigué**, le garçon dort

Féminin /singulier

En étant fatiguée, je dors

En étant fatiguée, tu dors

En étant fatiguée, elle dort

En étant fatiguée, la fille dort

Masculin /pluriel

En étant fatigués, nous dormons

En étant fatigués, on dort

En étant fatigués, vous dormez

En étant fatigués, ils dorment

En étant fatigués, les garçons dorment

Féminin /pluriel

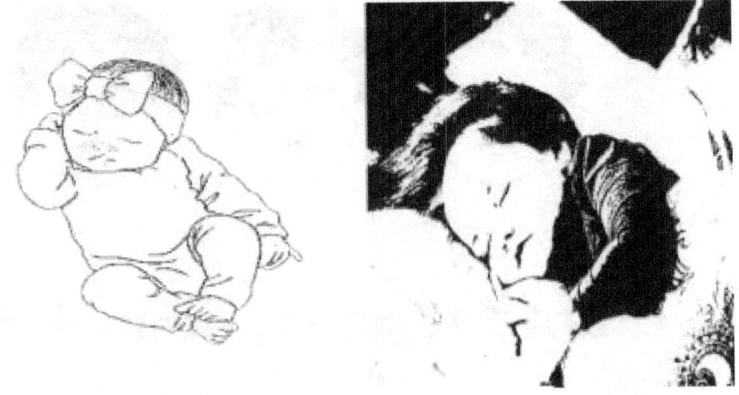

En étant **fatiguées, nous dormons**

En étant **fatiguées, on dort**

En étant **fatiguées, vous dormez**

En étant **fatiguées, elles dorment**

En étant **fatiguées, les filles dorment**

Le gérondif passé

Masculin/singulier

En ayant été **fatigué**, je me suis endormi

En ayant été **fatigué**, tu t'es endormi

En ayant été **fatigué**, il s'est endormi

En ayant été **fatigué**, le garçon s'est endormi

Féminin /singulier

En ayant été **fatiguée**, je me suis endormie

En ayant été **fatiguée**, tu t'es endormie

En ayant été **fatiguée**, elle s'est endormie

En ayant été **fatiguée**, la fille s'est endormie

Masculin /pluriel

En ayant été fatigués, nous nous sommes endormis

En ayant été fatigués, on s'est endormis

En ayant été fatigués, vous vous êtes endormis

En ayant été fatigués, ils se sont endormis

En ayant été fatigués, les garçons se sont endormis

Féminin /pluriel

En ayant été fatigu**ées**, nous nous sommes endormies

En ayant été fatigu**ées**, on s'est endormies

En ayant été fatigu**ées**, vous vous êtes endormies

En ayant été fatigu**ées**, elles se sont endormies

En ayant été fatigu**ées**, les filles se sont endormies

Participe présent

Masculin /singulier

Étant en retard, je prends un taxi
Étant en retard, tu prends un taxi
Étant en retard, le garçon prend un taxi
Étant en retard, il prend un taxi

Féminin /singulier

Étant en retard, je prends un taxi
Étant en retard, tu prends un taxi
Étant en retard, la fille prend un taxi
Étant en retard, elle prend un taxi

Masculin /pluriel

Étant en retard, nous prenons un taxi

Étant en retard, on prend un taxi

Étant en retard, vous prenez un taxi

Étant en retard, les garçons prennent un taxi

Étant en retard, ils prennent un taxi

Féminin /pluriel

Étant en retard, nous prenons un taxi

Étant en retard, on prend un taxi
Étant en retard, vous prenez un taxi
Étant en retard, les filles prennent un taxi
Étant en retard, elles prennent un taxi

Masculin /féminin /pluriel

Étant en retard, la fille et le garçon prennent un taxi

Étant en retard, ils prennent un taxi

Étant en retard, les filles et les garçons prennent un taxi

Étant en retard, ils prennent un taxi

Particpe passé

Masculin /singulier

Ayant été en retard, j'ai pris un taxi
Ayant été en retard, tu as pris un taxi
Ayant été en retard, le garçon a pris un taxi
Ayant été en retard, il a pris un taxi

Féminin /singulier

Ayant été en retard, j'ai pris un taxi
Ayant été en retard, tu as pris un taxi
Ayant été en retard, la fille a pris un taxi
Ayant été en retard, elle a pris un taxi

Masculin /pluriel

Ayant été en retard, nous avons pris un taxi

Ayant été en retard, on a pris un taxi

Ayant été en retard, vous avez pris un taxi

Ayant été en retard, les garçons ont pris un taxi

Ayant été en retard, ils ont pris un taxi

Féminin /pluriel

Ayant été **en retard, nous avons pris un taxi**

Ayant été **en retard, on a pris un taxi**

Ayant été **en retard, vous avez pris un taxi**

Ayant été **en retard, les filles ont pris un taxi**

Ayant été **en retard, elles ont pris un taxi**

Masculin /féminin /pluriel

Ayant été en retard, le garçon et la fille ont pris un taxi

Ayant été en retard, ils ont pris un taxi

Ayant été en retard, les filles et les garçons ont pris un taxi

Ayant été en retard, ils ont pris un taxi

Présent de l'indicatif

Masculin/singulier

J'ai un chien
Tu as un chien
Le garçon a un chien
Il a un chien

Féminin /singulier

J'ai un chien
Tu as un chien
La fille a un chien
Elle a un chien

Masculin /féminin / pluriel

**Nous avons un chien
On a un chien
Vous avez un chien
Les garçons ont un chien
Ils ont un chien**

Masculin /féminin / pluriel

**Nous avons un chien
On a un chien
Vous avez un chien
Les filles ont un chien
Elles ont un chien**

Masculin/Féminin / pluriel

La fille et le garçon ont un chien
Ils ont un chien

Masculin/Féminin /pluriel

Les filles et les garçons ont un chien
Ils ont un chien

Passé composé

Féminin /singulier

J'ai eu un chien
Hier, tu as eu un chien

Hier, la fille a eu un chien
Hier, elle a eu un chien

Masculin/singulier

J'ai eu un chien

Hier, tu as eu un chien

Hier, tu as eu un chien

Hier, le garçon a eu un chien

Hier, il a eu un chien

Masculin /pluriel

Hier, nous avons eu un chien
Hier, on a eu un chien

Vous avez eu un chien

Hier, les garçons ont eu un chien
Hier, ils ont eu un chien

Féminin /pluriel

Nous avons eu un chien
On a eu un chien
Vous avez eu un chien

Hier, les filles ont eu un chien
Hier, elles ont eu un chien

Masculin/Féminin/pluriel

Hier, la fille et le garçon ont eu un chien
Hier, ils ont eu un chien

Hier, les filles et les garçons ont eu un chien
Hier, ils ont eu un chien

L'imparfait

Masculin/singulier

J'avais **un chien**
Tu avais **un chien**
Le garçon avait **un chien**
Il avait **un chien**

Féminin /singulier

J'avais un chien
Tu avais un chien
La fille avait un chien
Elle avait un chien

Masculin /pluriel

Nous avions **un chien**
On avait **un chien**
Vous aviez **un chien**

Les garçons avaient **un chien**
Ils avaient **un chien**

Féminin /pluriel

Nous avions un chien
On avait un chien
Vous aviez un chien

Les filles avaient un chien
Elles avaient un chien

Masculin/Féminin / pluriel

La fille et le garçon avaient un chien
Ils avaient un chien

Les filles et les garçons avaient un chien
Ils avaient un chien

Plus-que-parfait

Masculin/singulier

J'avais eu un chien
Hier, tu avais eu un chien
Hier, le garçon avait eu un chien
Hier, il a eu un chien

Féminin /singulier

J'avais eu un chien
Hier, tu avais eu un chien
Hier, la fille avait eu un chien
Hier, elle avait eu un chien

Masculin /pluriel

Hier, nous avions eu **un chien**
Hier, on avait eu **un chien**

Vous aviez eu **un chien**

Hier, les garçons avaient eu **un chien**
Hier, ils avaient eu **un chien**

Féminin /pluriel

Nous avions eu **un chien**
On avait eu **un chien**

Vous aviez eu **un chien**

Hier, les filles avaient eu **un chien**
Hier, elles avaient eu **un chien**

Masculin/Féminin / pluriel

La fille et le garçon avaient eu un chien
Hier, ils avaient eu un chien

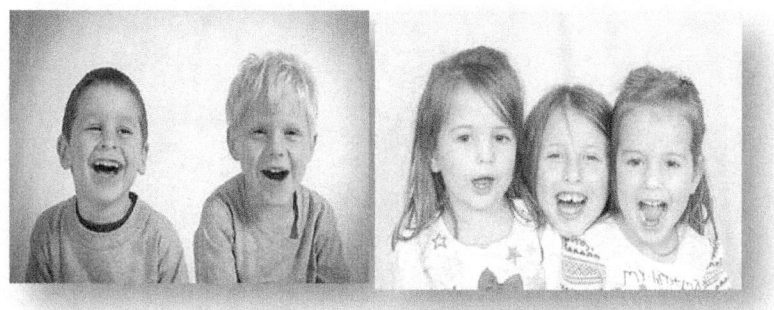

Hier, les filles et les garçons avaient eu un chien
Hier, ils avaient eu un chien

Futur simple

Masculin/singulier

Demain, j'aurai un chien
Demain, tu auras un chien
Le garçon aura un chien
Il aura un chien

Féminin /singulier

Demain, tu auras un chien
Demain, j'aurai un chien
La fille aura un chien
Elle aura un chien

Masculin /pluriel

Nous aurons un chien
On aura un chien

Vous aurez un chien
Les garçons auront un chien
Ils auront un chien

Féminin /pluriel

Nous aurons un chien
On aura un chien

Vous aurez un chien
Les filles auront un chien
Elles auront un chien

Masculin/Féminin / pluriel

La fille et le garçon auront un chien
Ils auront un chien

Les filles et les garçons auront un chien
Ils auront un chien

Futur antérieur

Masculin/singulier

J'aurai eu un chien
Tu auras eu un chien

Le garçon aura eu un chien
Il aura eu un chien

Féminin /singulier

J'aurai eu un chien
Tu auras eu un chien
La fille aura eu un chien
Elle aura eu un chien

Masculin /pluriel

Nous aurons eu **un chien**
On aura eu **un chien**

Vous aurez eu **un chien**

Les garçons auront eu **un chien**
Ils auront eu **un chien**

Féminin / pluriel

Nous aurons eu **un chien**
On aura eu **un chien**

Vous aurez eu **un chien**

Les filles auront eu **un chien**
Elles auront eu **un chien**

Masculin/Féminin / pluriel

La fille et le garçon auront eu un chien
Ils auront eu un chien

Les filles et les garçons auront eu un chien
Ils auront eu un chien

Futur proche

Masculin/singulier

Je vais avoir **un chien**
Tu vas avoir **un chien**
Le garçon va avoir **un chien**
Il va avoir **un chien**

Féminin /singulier

Je vais avoir **un chien**
Tu vas avoir **un chien**
La fille va avoir **un chien**
Elle va avoir **un chien**

Masculin /pluriel

Nous allons avoir **un chien**
On va avoir **un chien**
Vous allez avoir **un chien**
Les garçons vont avoir **un chien**
Ils vont avoir **un chien**

Féminin /pluriel

Nous allons avoir **un chien**
On va être avoir **un chien**
Vous allez avoir **un chien**
Les filles vont avoir **un chien**
Elles vont avoir **un chien**

Masculin /Féminin /pluriel

La fille et le garçon vont avoir un chien
Ils vont avoir un chien

Les filles et les garçons vont avoir un chien
Ils vont avoir un chien

Passé récent

Masculin/singulier

Je viens d'avoir **un chien**
Tu viens d'avoir **un chien**
Le garçon vient d'avoir **un chien**
Il vient d'avoir **un chien**

Féminin /singulier

Je viens d'avoir **un chien**
Tu viens d'avoir **un chien**
La fille vient d'avoir **un chien**
Elle vient d'avoir **un chien**

Masculin /pluriel

Nous venons d'avoir **un chien**

On vient d'avoir **un chien**

Vous venez d'avoir **un chien**

Les garçons viennent d'avoir **un chien**

Ils viennent d'avoir **un chien**

Féminin /pluriel

Nous venons d'avoir **un chien**
On vient d'avoir **un chien**
Vous venez d'avoir **un chien**
Les filles viennent d'avoir **un chien**
Elles viennent d'avoir **un chien**

Masculin /Féminin /pluriel

La fille et le garçon viennent d'avoir **un chien**

Ils viennent d'avoir **un chien**

Les filles et les garçons viennent d'avoir **un chien**

Ils viennent d'avoir **un chien**

Conditionnel présent

Masculin/singulier

J'aurais un chien
Tu aurais un chien
Le garçon aurait un chien
Il aurait un chien

Féminin /singulier

J'aurais un chien
Tu aurais un chien
La fille aurait un chien
Elle aurait un chien

Masculin /pluriel

Nous aurions **un chien**
On aurait **un chien**
Vous auriez **un chien**
Les garçons auraient **un chien**
Ils auraient **un chien**

Féminin /pluriel

On aurait un chien
Nous aurions un chien
Vous auriez un chien
Les filles auraient un chien
Elles auraient un chien

Masculin/Féminin / pluriel

La fille et le garçon auraient un chien
Ils auraient un chien

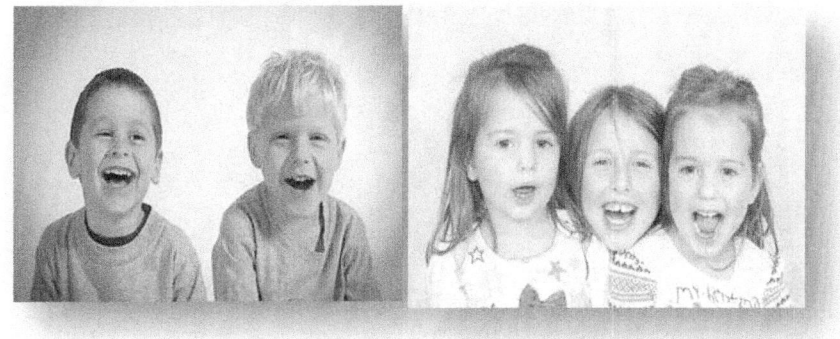

Les filles et les garçons auraient un chien
Ils auraient un chien

Conditionnel passé

Masculin/singulier

J'aurais eu un chien
Tu aurais eu un chien
Le garçon aurait eu un chien
Il aurait eu un chien

Féminin /singulier

J'aurais eu un chien
Tu aurais eu un chien
Hier, la fille aurait eu un chien
Hier, elle aurait eu un chien

Masculin /pluriel

Nous aurions eu **un chien**
On aurait eu **un chien**

Vous auriez eu **un chien**
Les garçons auraient eu **un chien**
Ils auraient eu **un chien**

Féminin / pluriel

Nous aurions eu **un chien**
On aurait eu **un chien**
Vous auriez eu **un chien**

Les filles auraient eu **un chien**
Elles auraient eu **un chien**

Masculin/Féminin / pluriel

La fille et le garçon auraient eu un chien
Ils auraient eu un chien

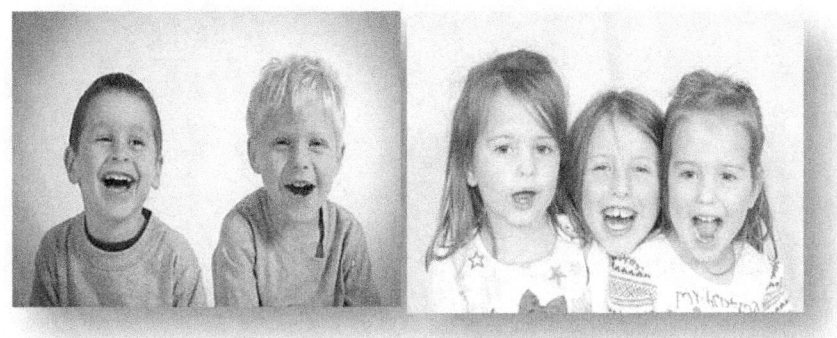

Les filles et les garçons auraient eu un chien
Ils auraient eu un chien

Subjonctif

Masculin/singulier

**Il faut que j'aie un chien
Il faut que tu aies un chien
Il faut que le garçon ait un chien
Il faut qu'il ait un chien**

Féminin /singulier

Il faut que j'aie un chien
Il faut que tu aies un chien

Il faut que la fille ait un chien
Il faut qu'elle ait un chien

Masculin /pluriel

Il faut que nous ayons un chien
Il faut qu'on ait un chien
Il faut que vous ayez un chien

Il faut que les garçons aient un chien
Il faut qu'ils aient un chien

Féminin /pluriel

Il faut que nous ayons un chien
Il faut qu'on ait un chien

Il faut que vous ayez un chien

Il faut que les filles aient un chien
Il faut qu'elles aient un chien

Masculin/Féminin / pluriel

Il faut que la fille et le garçon aient un chien

Il faut qu'ils aient un chien

Masculin/Féminin /pluriel

Il faut que les filles et les garçons aient un chien

Il faut qu'ils aient un chien

Passé simple

Masculin/singulier

J'eus un chien
Tu eus un chien
Le garçon eut un chien
Il eut un chien

Féminin /singulier

**J'eus un chien
Tu eus un chien
La fille eut un chien
Elle eut un chien**

Masculin /pluriel

**Nous eûmes un chien
On eut un chien
Vous eûtes un chien
Les garçons eurent un chien
Ils eurent un chien**

Féminin /pluriel

Nous eûmes un chien
On eut un chien
Vous eûtes un chien
Les filles eurent un chien
Elles eurent un chien

Masculin/Féminin/pluriel

La fille et le garçon eurent un chien
Ils eurent un chien

Les filles et les garçons eurent un chien
Ils eurent un chien

L'impératif présent

Masculin/singulier

Aie un chien !
Qu'il ait un chien !

Masculin /pluriel

Ayons un chien !
Ayez un chien !
Qu'ils aient un chien !

Féminin /singulier

Aie un chien !
Qu'elle ait un chien !

Féminin /pluriel

Ayons un chien !
Ayez un chien !
Qu'elles aient un chien !

L'impératif passé

Masculin/singulier

Aie eu un chien !
Qu'il ait eu un chien !

Féminin /singulier

Aie eu un chien !
Qu'elle ait eu un chien !

Masculin /pluriel

Ayons eu un chien !
Qu'on ait eu un chien !
Ayez eu un chien !
Qu'ils aient eu un chien !

Féminin /pluriel

Ayons eu un chien !
Qu'on ait eu un chien !
Ayez eu un chien !
Qu'elles aient eu un chien !

Infinitif

Infinitif présent :

Je suis heureux d'avoir un ami comme toi

Infinitif passé :

Je regrette d'avoir eu cette note

Le gérondif présent

En étant seul, je regarde un film

Le gérondif passé :

En ayant été conscient de ses dangers, j'ai arrêté de fumer la cigarette.

Participe présent

Masculin /singulier

Ayant de l'argent, j'achèterai une voiture
Ayant de l'argent, tu achèteras une voiture
Ayant de l'argent, le garçon achètera une voiture
Ayant de l'argent, il achètera une voiture
Ayant de l'argent, nous achèterons une voiture

...etc.

Féminin /singulier

Ayant de l'argent, j'achèterai une voiture
Ayant de l'argent, tu achèteras une voiture

Ayant de l'argent, la fille achètera une voiture
Ayant de l'argent, elle achètera une voiture

Masculin /pluriel

Ayant le temps, nous allons à la plage

Ayant le temps, on va à la plage

Ayant le temps, vous allez à la plage

Ayant le temps, les garçons vont à la plage

Ayant le temps, ils vont à la plage

Féminin /pluriel

Ayant le temps, nous allons à la plage

Ayant le temps, on va à la plage

Ayant le temps, vous allez à la plage

Ayant le temps, les filles vont à la plage

Ayant le temps, elles vont à la plage

Masculin/Féminin/pluriel

Ayant le temps, la fille et le garçon vont à la plage

Ayant le temps, ils vont à la plage

Ayant le temps, les filles et les garçons vont à la plage

Ayant le temps, ils vont à la plage

Participe passé

Masculin /singulier

Ayant eu de bonnes notes, j'ai organisé une fête

Ayant eu de bonnes notes, tu as organisé une fête

Ayant eu de bonnes notes, il a organisé une fête

Ayant eu de bonnes notes, le garçon a organisé une fête

...etc.

Féminin /singulier

Ayant eu de bonnes notes, j'ai a organisé une fête

Ayant eu de bonnes notes, tu as organisé une fête

Ayant eu de bonnes notes, elle a organisé une fête

Ayant eu de bonnes notes, la fille a organisé une fête

...etc.

Masculin /pluriel

Ayant eu de bonnes notes, nous avons organisé une fête

Ayant eu de bonnes notes, on a organisé une fête

Ayant eu de bonnes notes, vous avez organisé une fête

Ayant eu de bonnes notes, les garçons ont organisé une fête

Ayant eu de bonnes notes, ils ont organisé une fête

Féminin /pluriel

Ayant eu de bonnes notes, nous avons organisé une fête

Ayant eu de bonnes notes, on a organisé une fête

Ayant eu de bonnes notes, vous avez organisé une fête

Ayant eu de bonnes notes, les filles ont organisé une fête

Ayant eu de bonnes notes, elles ont organisé une fête

Masculin/Féminin /pluriel

Ayant eu de bonnes notes, la fille et le garçon ont organisé une fête

Ayant eu de bonnes notes, ils ont organisé une fête

Ayant eu de bonnes notes, les filles et les garçons ont organisé une fête

Ayant eu de bonnes notes, ils ont organisé une fête

Table des matières

Être (To be)	3
Présent de l'indicatif	4
Passé composé	10
L'imparfait	16
Plus-que-parfait	22
Futur simple	29
Futur antérieur	35
Futur proche	41
Passé récent	47
Conditionnel présent	53
Conditionnel passé	59
Subjonctif	65
Passé simple	71
L'impératif présent	77
L'impératif passé	81
Infinitif	86
Infinitif présent :	87
Infinitif passé :	87
Le gérondif présent	88
Le gérondif passé	93
Participe présent	98
Particpe passé	103

Avoir (To have) 109
   Présent de l'indicatif.. 110
   Passé composé 114
   L'imparfait 120
   Plus-que-parfait 126
   Futur simple 132
   Futur antérieur 138
   Futur proche 144
   Passé récent 150
   Conditionnel présent 156
   Conditionnel passé 162
   Subjonctif 168
   Passé simple 174
   L'impératif présent 180
   L'impératif passé 183
   Infinitif 186
   Infinitif présent : 187
   Infinitif passé : 187
   Le gérondif présent 188
   Le gérondif passé : 188
   Participe présent 189
   Participe passé 195

Made in the USA
Monee, IL
19 October 2025